AF467191

Ligue pour le bien des ÉTUDIANTS, 25, rue d'Ulm (Panthéon).

Conditions d'existence DE L'ÉTUDIANT

(LOGEMENT, ALIMENTATION, ETC.)

MOYENS DE LES AMÉLIORER

PAR

JEAN LAGORGETTE

DE LA SOCIÉTÉ DE SOCIOLOGIE
PRÉSIDENT DE LA LIGUE

COMITÉ D'HONNEUR

PRÉSIDENTS { M. BAYET, Directeur de l'Enseignement supérieur.
M. LIARD, de l'Institut, Vice-Recteur de l'Université.

MM.
LYON-CAEN, de l'Institut, doyen de la Faculté de droit.
LANDOUZY, de l'Acad. de médecine, » » de médecine.
CROISET, de l'Institut, » » des lettres.
APPELL » » » » des sciences.
LAVISSE, de l'Acad. française, dir. de l'École normale supérieure.

V. GIARD & E. BRIÈRE
Libraires-Éditeurs
16, RUE SOUFFLOT ET 12, RUE TOULLIER
PARIS Ve

50 cent.

COMITÉ DE PATRONAGE

MM.

— DIRECTEURS. — *De l'Académie française* : **Emile Faguet**, président de la *Schola ludorum*, prof. à la Faculté des lettres.

De l'Académie des sciences et de l'Académie de médecine : **E. Perrier**, dir. du Muséum, dir. d'études à l'Ecole des Hautes-Etudes ; **Dr Roux**, dir. de l'Institut Pasteur ; **d'Arsonval**, dir. de laboratoire à l'Ecole des Hautes-Etudes, prof. au Collège de France.

De l'Acad. des sc. morales et politiques : **Boutroux**, dir. de la Fondation Thiers, prof. à la Faculté des lettres ; **Anatole Leroy-Beaulieu**, dir. de l'Ecole libre des sc. polit. ; **E. Levasseur**, administ. et prof. au Collège de France ; **Gabriel Monod**, président de l'Ecole des Hautes-Etudes, prof. à la Faculté des lettres, chargé de cours au Collège de France ; **E. Villey**, doyen de la Faculté de droit de Caen.

Dr E. Delbet, dir. et prof. au Collège libre des sc. sociales, député, prés. du Conseil gal de Seine-et-Marne ; **L. Mabilleau**, dir. du Musée social, prés. de la Fédération nationale de la Mutualité française ; corresp. de l'Institut ; **Stapfer**, doyen et prof. à la Faculté libre de théologie protestante, doyen honoraire de l'Université.

— PROFESSEURS. — *De l'Acad. des inscriptions et belles-lettres*, **P. Viollet**, prof. à l'Ecole des Chartes, bibliothécaire de l'Université.

De l'Acad. des beaux-arts, **Luc-Olivier Merson**, prof. à l'Ecole.

De l'Acad. des sc. mor. et pol. : **Espinas**, prof. à la Faculté des lettres ; **E. Cheysson**, inspecteur gal des Ponts et Chaussées en retraite, et **A. de Foville**, président de l'Académie, conseiller maître à la Cour des Comptes, ancien dir. des Monnaies et Médailles, professeurs à l'Ecole libre des sc. pol. ; **A. Chuquet**, prof. au Collège de France ; **L. Renault**, prof. à la Faculté de droit et à l'Ecole des sc. pol., ministre plénipotentiaire, lauréat du prix Nobel ; **Th. Ribot**, prof. honoraire au Collège de France.

De l'Académie de médecine et professeurs à la Faculté de médecine : **Dr Chantemesse**, **Dr G. Hayem** et **Dr Ch. Richet**.

Professeurs à la Faculté de droit : **P. Cauwès**, **Ch. Gide** et **R. Jay**, membres du Conseil supérieur du Travail ; **H. Truchy**.

Professeurs à l'Ecole supér. de pharmacie : **Grimbert**, pharmacien en chef des Hôpitaux, dir. technique de la Pharm. centrale des Hôpitaux ; **Perrot**.

— *De l'Académie française* : **P. Deschanel**, député ; **Comte d'Haussonville** et **A. Ribot**, député, ancien ministre, membres de l'Acad. des sc. mor. et pol. ; **Jules Lemaître**.

De l'Acad. des sciences : **L. Cailletet** ; **Dr Léon Labbé**, de l'Acad de méd., sénateur, prés. du Conseil gal de l'Orne.

De l'Acad. des sc. mor. et pol. : **Georges Picot**, secrétaire perp. de l'Acad., prés. de la Société des Habitations à bon marché.

F. Buisson, président d'honneur de la Ligue de l'Enseignement, prof. honoraire à la Faculté des lettres, dir. honoraire au Min. de l'Instr. publique, député ; **R. Poincaré**, président de la Société des Amis de l'Université, sénateur, ancien ministre, avocat à la Cour.

Ballif, président du *Touring-Club*.

CONSEIL D'ADMINISTRATION

MM. Jean LAGORGETTE, président.

JULIEN, président de l'Association générale des Etudiants.

SOALHAT, délégué de l'A. corporative des Etudiants en médecine.

ARQUEVEAUX, prés. de l'A. amicale des Etudiants en pharmacie.

DE GAILHARD-BANCEL, prés. de l'A. des Et. de l'Institut cathol.

PANNIER, secrétaire général de l'Assoc. des Etudiants protestants.

Les conditions d'existence de l'étudiant
Comment les améliorer [1]

Quand on interroge les provinciaux sur ce qui, à Paris, les a étonnés le plus, leurs réponses diffèrent et ne manquent pas parfois d'être singulières. Pour ma part, lorsque, provincial moi-même, je vins jadis à Paris en qualité d'étudiant, une des choses qui me frappèrent, ce fut l'état peu satisfaisant de la plupart des demeures d'étudiants et la qualité insuffisante de la nourriture offerte à ces derniers. Combien plus grands encore eussent été mon désappointement, mon dégoût, ma honte et mon envie, si j'avais alors connu ces somptueuses résidences universitaires d'Amérique que M. le Dr Richet nous donne en exemple et que souhaiterait maint de nos millionnaires !

LE MAL

Si, faute de connaître un service de renseignements, il est réduit à parcourir les rues à la recherche du traditionnel écriteau et à gravir, au hasard, d'innombrables étages, quel jeune homme, venant ou non du grand air, mais choyé dans sa famille et non indifférent aux notions d'hygiène partout prodiguées, n'a ressenti la même impression en présence de ce même spectacle ? Dans des rues souvent étroites et sombres, trompé par la façade et par l'entrée (ce qu'il y a de mieux dans la maison), il s'aventure en de vieux hôtels plus ou moins bien bâtis et à peine restaurés extérieurement. Par des escaliers mal éclairés, même pendant le jour, on y accède à des *chambres garnies*, qui sont parfois de véritables taudis. Peu d'espace, peu de lumière, peu ou pas d'air, voilà ce qui caractérise nombre de ces intérieurs peu séduisants, sans compter un plafond bas ou inégal, un carrelage antique ou un parquet à interstices, des papiers laids ou salis, des tapis, des tentures, des rideaux à l'excès et en quel état ! Dirai-

1. Développement de diverses causeries tenues au siège de quelques Associations d'étudiants. Voir en outre plusieurs articles publiés dans : *L'Université de Paris*, *Le Semeur*, le *Bulletin des Ligues sociales d'acheteurs*, la *Revue internationale de sociologie*, etc.

je du mal des meubles ? Leur âge et les longs services dont ils portent la trace devraient imposer le respect, mais aussi... ils les rendent boiteux. Achetés dans des salles de vente, ils ont été usagés par qui et par combien de générations ! Les tableaux sont délabrés ou d'un goût lamentable. On pourrait, sans risquer de se ruiner, offrir des primes à quiconque découvrirait, dans un garni, une pendule, une serrure, un tiroir qui fonctionnassent convenablement. Comme les meubles et surtout comme le plus humble d'entre eux, les instruments de toilette sont sales, tant à l'intérieur qu'à l'extérieur. Les annexes — cabinets de toilette ou autres — sont trop souvent mal établies ou mal tenues. Il en existe dont les tuyaux transpirent. Or les w-c. ne fournissent-ils pas un critère de civilisation ?

Souvent, le *service* est défectueux : les draps ne sont pas toujours remplacés lors des changements d'occupants, les lits sont seulement « retapés », les meubles et, sous eux, le parquet sont couverts d'une épaisse couche de poussière. Il arrive, bien qu'exceptionnellement, que se produisent des négligences à l'égard du courrier, des indiscrétions, des indélicatesses, des tricheries, ou que le locataire soit victime de l'insuffisance des précautions contre le vol tant par le personnel que par les tiers (chaussures, etc.) et contre les autres risques (incendie, etc.).

Le tout est offert à un *prix* relativement élevé — 45, 50, 60, 70 fr. par mois — et exagéré en ce qui concerne les accessoires, dont on ne s'enquiert pas toujours : chauffage, éclairage, blanchissage, déjeuners, etc.

Un certain nombre d'étudiants, sans doute, souffrent à un degré moindre de ces divers inconvénients. Dans des *logements non meublés,* ils jouissent d'une propreté et d'un confort généralement plus grands, quant aux locaux, et des avantages divers d'un mobilier personnel et choisi selon leurs goûts. Mais l'existence de ces appartements, fussent-ils parfaits (et ils en sont loin), ne rendrait que plus nécessaire d'indiquer aux étudiants, qui imaginent compliquée ou coûteuse leur installation, les prix de revient et les avantages respectifs des deux procédés, de leur signaler, à fin de comparaison, les locaux des deux espèces, et, pour ceux qui préféreraient les seconds, d'exposer les moyens de « se mettre dans leurs meubles » à de bonnes conditions. Encore ne visons-nous *nullement à diminuer* systématiquement *le nombre des garnis*, qui ont leur raison d'être, leur nécessité même, pour une population qui, à raison de sa situation essentiellement transitoire, est assez instable et relativement plus défavorisée à cet égard que des ouvriers ou employés mariés, vivant avec leur famille ou du moins hors du provisoire.

Au peu d'attrait qu'offre par lui-même le séjour au fond de cours étroites et humides ou, au contraire, par dessus les toits et les cheminées, s'ajoute, en effet, chez l'étudiant, la *solitude* en face de ce décor morose et loin du foyer, des relations coutumières, du « pays », sinon de la patrie.

Les *pensions* et « familles », lointaines images de la famille véritable, remédient tant bien que mal aux dangers et aux ennuis de l'isolement, par une hospitalité qui semble à un degré moindre que les précédentes donnée par entreprise et en étranger à des clients qui restent inconnus.

Elles sont, d'une manière générale, assez bien tenues; sinon, elles ne justifieraient pas leur existence et leur cherté par rapport aux modes déjà cités. Il en existe bien peu au-dessous de 150 francs (et 140 pour les étudiantes) par mois et, par contre, un certain nombre dépassent 300 fr. ; or beaucoup d'étudiants ne disposent pas d'une telle mensualité, sans compter qu'ils ont d'autres dépenses à effectuer. Fréquentes en Angleterre et en Allemagne, les pensions sont d'ailleurs rares en France, où la famille est fermée à l'étranger. Ces deux particularités sont-elles regrettables, vu nos conditions spéciales ? Nous n'avons pas à trancher la question, ni à encourager ce mode, pour lequel nous ne manifesterons aucune prédilection pourvu que les autres méritent notre neutralité.

Quant aux *restaurants*, les étudiants, après en avoir essayé plusieurs, se résignent à conserver le moins mauvais. Dès que la clientèle augmente, les mets deviennent moins soignés, et pourtant le client ne quitte pas toujours l'établissement, faute d'en connaître de meilleurs et par crainte de tomber de mal en pis.

Nous négligeons les cafés et le superflu, c'est-à-dire ce qui n'est pas de première nécessité, à la différence du logement et de la nourriture, dont on ne saurait guère se passer !

La répulsion que m'a inspiré cet état de choses, subi accidentellement, tel est le mobile de mon initiative; y porter remède, telle est la raison principale de notre projet.

Mais *nous ne prétendons pas que le mal soit général et non atténué,* même à Paris et à plus forte raison en province, où l'air et le mode de vie sont moins viciés, les locaux moins exigus et l'art du frelatement poussé moins loin. Ce mal possède d'ailleurs une contre-partie, dans le *préjudice que peuvent subir les hôtes* par le fait de leurs propres fournisseurs et par la négligence, la malveillance ou l'indélicatesse des clients.

Ce qui préside à notre initiative, ce n'est **point,** on le voit, **un esprit hostile** envers la collectivité des tenanciers, mais seulement la réprobation que méritent les déloyaux ou les incapables et le *désir d'aider ou d'encourager* les autres. Nous tiendrons pour ou contre tel ou tel, selon la catégorie dans laquelle il se rangera. Les bons hôtes, comme les bons clients, ne pourront que gagner à ce que l'on combatte les moins scrupuleux, dont la malhonnêteté rejaillit sur tous, alors même que la concurrence ne contraint pas à imiter leurs procédés déloyaux.

Le mal est imputable davantage aux *circonstances,* surtout du moment, qu'aux personnes. La vie des tenanciers, eux-mêmes locataires, sinon employés, passée en des locaux qu'on ne peut louer ou utiliser à d'autres usages, cette vie ne semble pas très enviable; les mieux intentionnés n'ont pas, dans l'état actuel, la sécurité de réussir, ils rencontrent mille difficultés, à commencer par l'ignorance où ils sont des bons procédés et où est le public à leur propre endroit, et s'ils veulent trop bien faire, ils échouent. Les garçons ont jusqu'à 40 chambres à entretenir et passent les nuits à tirer le cordon; ils ne sauraient, naturellement, assurer un service impeccable; les moins zélés sont surmenés, et l'un d'eux, que j'ai connu, est devenu fou par suite de ce surmenage. Quelquefois, il y a faute des locataires, qui salissent ou déchirent à plaisir ou par négligence. Sans attaquer le principe de la propriété, il est permis de constater, par contre, que les propriétaires des immeubles recueillent un bénéfice, une plus-value — pour laquelle ils n'ont fait aucun effort —, à raison de l'accroissement localisé de la population étudiante, accroissement souvent plus que proportionnel à celui des villes universitaires et qui, en certains lieux, l'a doublée depuis 10 ans.

Eblouis par la réussite, les logeurs et restaurateurs *comprennent bien mal leur intérêt*, et, s'ils n'y prennent garde, le Quartier, où l'étudiant ne se trouve plus à l'aise, se dépeuplera. Du même coup, cet exode serait la fin de la cité latine, qui devrait pourtant demeurer à toujours un foyer ardent de vie intellectuelle. Inversement et en principe, que l'on donne satisfaction, sans exploitation, aux aspirations vers l'hygiène et le confort, et alors les affaires augmenteront et le Quartier conservera sa physionomie.

LES CAUSES

Elles sont nombreuses et variées, comme les aspects du mal, même si l'on écarte celles qui le produisent (imperfection des procédés, usure du matériel, cupidité mal comprise, etc.) et si l'on se borne à celles qui le maintiennent. Si les étudiants, chacun pris en particulier, s'accommodent d'un tel état ou du moins s'en sont jusqu'ici accommodés, c'est qu'ils sont, par leur âge et par leur tournure d'esprit assez *insouciants*. Ils égaient ces laids intérieurs par la jeunesse, par un sourire, par des illusions ; peut-être les voient-ils comme ils les rêvent — mieux que dans la réalité. Somme toute, ils y passent de bons moments, auxquels ils ne songent point plus tard sans quelque émotion. Les travailleurs y séjournent moins longtemps que dans les bibliothèques, et les autres qu'ailleurs. Les médecins eux-mêmes deviennent sceptiques à l'égard de l'hygiène ; et pourtant, sans recourir à l'épouvantail de la tuberculose, on doit bien convenir qu'il existe des séjours et des alimentations plus ou moins nuisibles à la santé et plus ou moins agréables. — Si beaucoup d'étudiants ne s'en tiennent pas à ce point de vue, c'est qu'il se trouve combattu en eux par des motifs positifs, différents de l'insouciance. Certains d'entre eux se contentent d'un hôtel mal tenu, parce qu'on y est « libre » ; quelques-uns, des jeunes surtout, rognent, paraît-il, sur le prix de leur logement et de leur nourriture pour sacrifier à d'autres plaisirs. (Encore pourraient-ils conserver la même « liberté » sans sa rançon de poussière et de denrées avariées et disposer du même argent de poche pour Gambrinus ou Vénus, s'ils obtenaient pour le même prix un logement et une nourriture meilleurs.)

La plupart de ceux qui aspirent à mieux sont bien forcés de subir ce que j'appellerai la *loi de l'hôte*. Ils n'ont *pas le choix*, en ce sens : 1° que la majorité des hôtels du Quartier sont à peine passables ; 2° que des étudiants logeraient difficilement ailleurs, car ils ont besoin de tout leur temps, ou bien car ils trouvent là leurs moyens particuliers de travail, leurs distractions, leurs relations de camaraderie ; 3° que, s'il existe des établissements bien conditionnés, ils ne savent où les trouver ; 4° que les chambres et les repas actuellement bons sont presque tous d'un prix élevé : or l'étudiant, même s'il est riche, est rationné. En même temps, — ce n'est point contradictoire, — l'étudiant, qui ne regarde guère à l'argent et ne sait ce que valent les choses, est disposé à les payer beaucoup plus. Les étrangers sont, pour cette raison, renforcée, préférés par les fournisseurs et ils gâtent les prix.

M. Gide, dans un très intéressant article de la « Semaine littéraire » de Genève, qui est reproduit dans le « Bulletin de la Ligue sociale d'acheteurs », ajoute cette explication, qui est générale et parfaitement vraie : c'est que « *le consommateur est un imbécile* ». « La crédulité d'enfant avec laquelle il court du côté où l'on fait battre la grosse caisse,... la bonne foi avec laquelle il avale tous les produits plus ou moins frelatés qu'on lui vend, tout cela, dit l'éminent économiste pour fouailler cette « veulerie », en fait le personnage le plus ridicule de tous ceux qui jouent leur rôle sur la scène économique ; c'est lui qui a tenu jusqu'à présent l'emploi de Jocrisse. »

Cette apathie serait, à en croire M. Harduin, encore plus accentuée à Paris. « Le Parisien, dit-il plaisamment, est un benêt incapable de se défendre contre l'exploitation dont il est l'objet de la part des gens qu'il fait vivre. Mais ceux-ci auraient bien tort de se gêner avec des *moutons qui se laissent tondre*... Ces moutons auraient cependant beau jeu s'il leur plaisait de se défendre. On emploierait la grève-tampon. (Cet instrument ne figure pas dans notre arsenal, sauf comme épouvantail.) Un théâtre (il s'agit des suppléments perçus pour locations de places), un seul, serait mis en interdit, et ce théâtre y resterait tant qu'il ne capitulerait pas. Ce ne serait pas long. Après, on passerait à un autre. Pas de danger que les directeurs recourent au lock-out. En moins d'un mois, toute la corporation serait réduite à merci... Mais vous verrez que les Parisiens n'agiront pas. Cette espèce a beaucoup d'analogie avec la moule, laquelle est, comme chacun sait, dépourvue de tempérament combatif. »

Je m'en voudrais de laisser passer les étudiants pour des moules, mais, pour l'éviter, ils n'ont qu'à montrer un peu les dents !

Ces divers motifs expliquent l'*indifférence de l'hôte*, assuré d'avoir des clients, *à l'égard des réclamations individuelles* d'amélioration : « Si je n'ai pas ce client là, entend-on dire, j'en aurai un autre ! » Beaucoup d'hôtes et de clients, d'ailleurs, voyant dans la réalité que les choses bonnes sont chères, imaginent qu'il ne saurait en être autrement et qu'on sera toujours condamné à payer beaucoup pour être bien fourni.

Il suffit donc que l'étudiant veuille avoir ses aises et l'hôte augmenter ses bénéfices (ne sont-ce pas les cas normaux ?) pour que réussissent les tentatives d'améliorations, *pourvu que* l'on sache comment faire effectuer ces dernières et où les trouver. Ce sont ces deux conditions qui manquent le plus, et pourtant leur réalisation serait si utile, si simple, qu'on a peine à comprendre leur absence.

LES REMÈDES

C'est contre cette lacune que nous voulons réagir *en développant, chez les clients*, relevés de la déchéance dont on les accuse, *la conscience de leurs désirs légitimes, de leurs intérêts, de leurs droits et de leurs obligations et la connaissance des moyens d'y pourvoir, et en suscitant, de la part des fournisseurs, des améliorations dans l'exécution de leur service.*

Qu'a-t-il été fait ou tenté en ce sens ? Rien ou peu de chose. En ce qui concerne les étudiants, les *patronages* confessionnels et les patronages d'étudiants étrangers se contentent de donner, surtout à leurs adhérents, des indications relatives aux hôtels et pensions recommandables spécialement au point de vue de la moralité ; ils laissent aux autres maisons la clientèle des autres étudiants ; en un mot, ils prennent l'état actuel tel quel et y exercent un choix, sans chercher à l'améliorer.

En ce qui concerne notre sujet, le *Touring-Club* vise à assainir les anciens hôtels et à montrer qu'un ameublement hygiénique est plus plaisant et moins coûteux que les antérieurs. (Chaque chambre coûte à peine 250 fr., y compris le linoléum qui couvre le parquet entier.) Son action s'exerce par des fournitures, gratuites ou non, de peintures, de meubles et d'appareils sanitaires, par des contributions à l'installation, par des recommandations. Elle a été si puissante que plus de douze cents hôtels se sont conformés au type préconisé. D'autres associations : Automobile-Club, Club alpin, etc., agissent dans le même sens.

A la différence du T. C. F., les *Ligues sociales d'acheteurs*, importées d'Amérique en France, en Suisse et en Allemagne par Madame H. J. Brunhes, sont, comme leur nom l'indique, exclusivement sociales. Ce sont des groupements de consommateurs, mais dans l'intérêt exclusif des salariés, et il semble même qu'en recommandant les établissements où les ouvriers et employés sont bien traités quant à l'hygiène et aux conditions du travail et les maisons où les domestiques sont bien logés, sans exiger de garanties pour la santé du client ou du maître, elles négligent un peu l'intérêt de ces derniers.

Ce procédé, unilatéral et entièrement altruiste, ne pourrait-il s'étendre à l'exigence de tous les desiderata du consommateur (sans en exclure son désir de justice sociale)? Ce qu'on fait pour les catholiques, les protestants et les étrangers (et qui serait un peu mercantiliste si l'on n'était aussi prévenant envers les nationaux dans la distribution de la pâture intellectuelle), ne conviendrait-il pas de le développer au profit de la collectivité entière des étudiants? C'est la tâche que nous nous sommes proposé d'accomplir en fondant la

LIGUE POUR LE BIEN DES ÉTUDIANTS
et en particulier *pour l'amélioration de leur logement et de leur alimentation.*

Il n'y a rien de commun entre cette simple union et une société d'habitations à bon marché ou un restaurant coopératif. **Il s'agit non pas de transformer les bases du régime actuel** d'entreprise privée, mais de le perfectionner, progressivement et non par un coup de baguette.

BUTS ET AVANTAGES DE LA LIGUE :

Faire réaliser les améliorations postulées par l'état que nous avons esquissé, à savoir :

1° Eviter ou faciliter les *recherches* aux deux parties en cause ; restreindre la réclame par laquelle se maintiennent les pires des établissements, rendre la publicité moins coûteuse et plus efficace. (Et si l'on veut mesurer ce bienfait, on n'a qu'à songer aux nombreux étudiants qui perdent des journées entières à la recherche d'un petit logement, visitant maint local qui ne leur convient nullement et passant à côté des meilleurs sans soupçonner leur existence ou leurs qualités ; une liste consultée tranquillement chez soi dispenserait, d'un coup d'œil, le client comme l'hôte, de ces démarches inutiles.)

Permettre un *choix* en connaissance de cause, non seulement quant au mode général d'installation, mais aussi quant aux chambres et aux repas effectivement offerts.

Par les deux influences précédentes, diminuer la fréquence des installations provisoires et des *essais* infructueux, ennuyeux, coûteux et causant des pertes de temps.

2° *Faire connaître et encourager les meilleurs établissements existants ; faire réaliser les améliorations nécessaires.*

En ce qui concerne l'*installation*, il y a beaucoup à faire, mais qu'on n'imagine pas que les changements, d'ailleurs progressifs, entraîneraient pour le patron ou pour le client un surcroît appréciable de frais. Nous ne demandons **pas de dépenses** supplémentaires, du moins de dépenses fortes et dépourvues de compensation, ni essentiellement une baisse de prix. Les nouveaux hôtels, les nouveaux aménagements pourraient se conformer sans peine aux desiderata exprimés ; les anciens le feraient peu à peu, à mesure que leur matériel aura besoin d'être renouvelé. Nous souhaitons des choses non pas luxueuses, mais plutôt simples et de meilleur goût, et ceci, le plus souvent, ne se paie pas. La plupart des modifications ne nécessitent qu'un emploi plus rationnel des capitaux et des efforts ou l'utilisation des loisirs. Quelques-unes procureront en définitive *une économie ou un bénéfice*.

Il serait bon, tout au moins, que les clients, au lieu d'accepter ce qu'on veut bien leur offrir, possédassent un moyen de manifester leurs aspirations et de pousser à leur réalisation et qu'ils puissent non seulement accepter des offres toutes faites, mais les provoquer par des demandes qui exprimeraient leurs désirs.

Nous sommes donc à l'opposé d'empêcher l'étudiant d'arranger son intérieur à son goût, et nous n'allons même pas jusqu'à préconiser la création exclusive de « chambres hygiéniques », qui ne sont pas indispensables à une clientèle non renouvelée chaque jour. Du moins y a-t-il lieu :

de *faire éliminer ou désaffecter les taudis et objets souillés ou hors d'état de servir*;

d'*approprier* maints locaux quant à l'aération, à la lumière, à la disposition, aux commodités;

de *restaurer ou remplacer* ce qui en a besoin;

d'*adopter un mobilier*, même simplifié, mais *hygiénique, propre, confortable et de bon goût*, sinon personnel;

d'appliquer divers *procédés recommandables* (tout-à-l'égout, bains, douches, chauffage, etc.);

de *bien tenir* les locaux et leur contenu ;

de *désinfecter* en cas de maladie (fumigators, etc.);

d'opérer au minimum un grand *nettoyage* par an et à chaque changement d'occupant et un nettoyage sérieux par semaine ;

d'avoir des *mets sains*, non frelatés et bien préparés;

d'obtenir l'honnêteté et la *bonne exécution des obligations* réciproques et notamment du service;

de prévenir les *différends* entre propriétaires et locataires ou d'aider à leur solution;

de viser, d'un côté et de l'autre, non à la diminution générale des prix ou à leur réduction en faveur des étudiants (qui équivaudrait à une baisse générale, dans la plupart des maisons où l'on reçoit des étudiants, car ceux-ci y sont la clientèle prépondérante), mais plutôt à la *mise des prix en rapport avec la valeur*, accrue, du service, etc [1].

Les hôtes dignes de ce nom, eux-mêmes, loin de per-

1. Si cela devenait possible, il conviendrait d'encourager, matériellement ou par des conseils et par une recommandation spéciale, les constructions nouvelles et confortables, l'adoption de dispositifs perfectionnés et les renouvellements de matériel. Un propriétaire, s'il établissait de *petits* logements meublés ou non, appropriés à leur destination de logements d'étudiants, serait sûr de les louer, grâce à notre publicité spéciale et à notre recommandation.

dre, *gagneront* à notre entremise. Une plus grande régularité et une plus grande stabilité, des séjours plus prolongés en un même établissement, c'est-à-dire ce qui, pour le patron, constitue le profit et la sécurité, à savoir un chômage moins long et moins renouvelé (par suite d'un choix fait en connaissance de cause et à raison de qualités appréciées, d'ailleurs accrues), tout cela permettra aux bons établissements de récupérer et au delà leur dépense, qui sera modique, si leur état actuel ne permet même de s'en passer totalement ou si les modifications n'entraînent finalement une économie. Il en résultera en même temps, et grâce aussi à la crainte de radiation en cas de défaillance, une diminution des variations de qualité et d'affluence, qui sont préjudiciables à tout le monde. Si un léger sacrifice était consenti pour l'aménagement, le client n'accepterait-il pas de payer plus cher ce qui vaudrait davantage ? C'est le seul avantage qui touche la plupart des propriétaires et ils craignent de faire une dépense certaine sans être sûrs de louer à un taux proportionné à l'amortissement, pourtant bien minime (quelques francs d'augmentation par an pour un capital engagé de 100 francs). La compensation existerait cependant aussi, s'ils louaient pour un temps plus long, avec des changements moins nombreux de locataires, c'est-à-dire avec moins de démarches et de tracas et moins de ces détériorations qui accompagnent tout emménagement ou déménagement. Ne prendrait-on pas, en outre, un plus grand soin de ce qui serait propre et joli et qu'on serait appelé à posséder plus longtemps ?

3° *Développer la vie matérielle*, en temps normal ou non : *culture physique, prévention ou répression des maladies*, etc.

MOYENS

Les moyens d'action sont variés. Ils consistent en :

1° *Renseignements généraux* aux hôteliers et aux étudiants ; indication, pour chacun, des avantages et prix de revient respectifs des divers systèmes (garnis, appartements, pensions, location en commun, location-vente, etc.), suivant les améliorations apportées ; de ce qui est nécessaire en chacun d'eux, des moyens de se le procurer à de bonnes conditions (types et maisons), des innovations.

2° *Renseignements particuliers*, fournis par les patrons et les clients, sur le détail des qualités, conditions et tarifs, et sur la disponibilité. La simple mention : chambres depuis *x* francs par mois, présenterait en effet une mince supériorité sur la recherche dans les rues; il faut savoir si les places sont actuellement disponibles ou à quel moment elles le seront. — Dans l'intérêt tant des serviteurs que de la bonne exécution du service, il serait à souhaiter qu'on indiquât au moins l'importance du personnel comparativement à celle de l'établissement.

Des mentions spéciales ou en caractères spéciaux, ou des signes distinctifs, sont accordés, avec une réduction sur les tarifs d'insertion et avec d'autres avantages accessoires, aux établissements *affiliés* et aux établissements *recommandés*, auxquels on délivre en outre un panonceau. A côté de la recommandation spéciale, la ligue confère en effet une sorte de demi-recommandation en acceptant l'affiliation de maisons qui pourront être assez nombreuses et devront même l'être, si l'on préfère de deux maux encourager le moindre. Sinon notre action serait inefficace et se retournerait contre nous : elle ferait hausser exagérément les prix du petit nombre de maisons recommandées (car leurs services sont loin d'être indéfiniment extensibles, comme le sont, presque, ceux de mainte autre industrie) et les succursales ne présenteraient pas facilement les mêmes qualités et le même esprit tout personnels qui font le mérite de certains établissements. Si elle se bornait à patronner un nombre nécessairement fort restreint d'excellentes maisons, qui n'en ont pas un très grand besoin (et il s'en faudrait de trop qu'« il y en ait pour tout le monde »), la ligue ne toucherait qu'un petit nombre de fournisseurs, ne profiterait qu'à un petit nombre d'étudiants et n'attirerait le concours que de peu de tiers, alors qu'il importe au contraire d'étendre son action au plus vaste cercle possible.

Aux hôtes mêmes dont elle ne saurait admettre l'affiliation, mais à qui elle n'a rien de grave à reprocher, c'est-à-dire aux passables, elle peut encore *permettre des insertions* (en caractères ordinaires, par exemple). A l'égard des mauvais, elle organise la « conspiration du *silence* », c'est-à-dire laisse ignorer jusqu'à leur existence, et refuse de les mentionner (même moyennant rémunération). Bien que nous estimions de notre devoir non seulement d'encourager le bien, mais de lutter contre le mal et qu'il ne manque pas de moyens d'y procéder à l'abri de la justice et de la réprobation morale, nous nous contenterons et il suffira de la réclame positive en faveur des meilleures maisons, sans stigmatiser les pires, *sans dresser de listes noires.*

L'attitude de la Ligue prend donc, en résumé, l'une de ces formes : *recommandation formelle, simple affiliation, acceptation des insertions, silence ou refus d'insertions.*

Cette gradation est *plus juste* qu'une division en deux catégories seulement — bons et mauvais —, car la plupart des maisons ne sont ni tout à fait bonnes ni tout à fait mauvaises, et il ne faut pas assimiler les passables aux pires ni les assez bonnes aux meilleures, qui ainsi n'auraient, du fait de la Ligue, qu'un avantage moins que proportionnel à le demeurer, tandis que les assez bonnes n'en auraient guère non plus à s'améliorer. Tous les degrés se rencontrent dans la qualité et il convient d'y proportionner notre bienveillance.

La gradation est, aussi, *plus opportune, moins brutale*, elle choquera moins les intérêts et les sentiments. Par là, non seulement elle réduira l'hostilité des fournisseurs, mais elle ralliera les bonnes volontés en favorisant les améliorations progressives et en facilitant l'ascension des degrés, tandis qu'il serait difficile qu'une maison devienne, de mauvaise qu'elle était, bonne d'un seul coup, ou, dans l'intervalle, ne reçoive aucun encouragement. — Les ligues d'acheteurs procèdent différemment parce qu'elles imposent des conditions rigides qu'on remplit ou non, mais non à moitié. Si le T. C. F. simplifie, s'il accorde assez facilement sa recommandation, c'est que là où il n'y a que quelques hôtels, il doit bien, sous peine de rester passif, indiquer le meilleur, même si celui-ci n'est pas très bon ; les villes universitaires, au contraire, possèdent un nombre assez élevé de locaux à louer et de tables servies.

Invoquera-t-on la difficulté de répartition dans les catégories ? Il n'en existe, en somme, que quatre : bon, très mauvais, passable et médiocre.

Supposons la répartition bien effectuée. Le nombre d'éliminés et d'atteints, c'est-à-dire d'engagés aux améliorations, ne sera-t-il pas trop infime et l'encouragement donné aux autres trop faible ? Avec les « dépouilles » des premiers, il y a de quoi augmenter les profits des autres. Ainsi les passables profiteront de notre action ? Peut-être, mais moins que les meilleurs, et ce sera un stimulant suffisant.

— La répartition a lieu *quels que soient l'importance* de l'établissement, *son caractère luxueux*, *ses prix en chiffres absolus* (mais seulement d'après leur relation avec la valeur du service rendu).

— *Question de la moralité.* — Il faut bien, pour accorder la publicité, l'affiliation ou la recommandation, se placer surtout *au point de vue matériel* (hygiène, confort, etc.) et cela, sous peine d'écarter de notre programme une fraction trop importante d'étudiants et par conséquent d'hôtes (l'étudiant, même non débauché, n'aimant pas qu'on touche à ce qu'il considère comme sa « liberté », ni même qu'on s'en occupe). Quelque regrettable qu'on juge cet état d'esprit, on est bien forcé de convenir de sa réalité et d'en tenir compte : il existe, c'est un fait. Et il ne faut pas se leurrer sur l'*insuccès complet* qui nous attendrait si nous le méconnaissions ; maints étudiants et plusieurs de leurs représentants nous l'ont *catégoriquement affirmé.* Or nous ne voulons pas entreprendre, pour les étudiants, une œuvre dont la plupart seraient exclus ou s'exclueraient eux-mêmes. — Ne travaillons que pour les plus intéressants ! — Pardon, bonnes âmes, les pécheurs devraient attirer votre sollicitude plus que ceux qui n'en ont que faire. Il y a en eux des virtualités de sages ; il vous incombe de les développer et vous serez coupables si vous n'y procédez. Y manquer, ce serait refuser de combattre toute immoralité sous prétexte qu'il faudrait s'occuper des immoraux et prendre contact avec eux. Et les étudiants les plus rebelles aux sermons et aux consignes sont loin d'être, au fond, grands pécheurs et grands indisciplinés.

Il va sans dire que nous excluons les hôtels borgnes et les maisons foncièrement *immorales* ; encore nous gardons-nous de les indiquer comme tels, ce qui pourrait constituer aux yeux de certains une réclame malsaine et, en tout cas, exposerait à des poursuites ; il suffit de les bannir sans spécifier ce motif ou plutôt de les passer sous silence. Inversement, aux maisons spécialement *morales* sont décernées, suivant le cas, les mentions : Recommandée spécialement pour la moralité, ou, sur demande : aux catholiques, aux protestants, aux étudiantes. Parmi les *autres* maisons, où l'on ne veille pas à la vertu des locataires, mais qui ne constituent pas un foyer de débauche, où l'honnêteté n'est pas attaquée en la personne de ceux qui la possèdent et où rien ne pousse à s'en départir, il y a lieu de faire un choix d'après leur degré d'hygiène, de propreté, de confort, de goût, tout en ne spécifiant à leur égard que des garanties d'ordre matériel. Il existe donc deux sortes de recommandations, dont la seconde, à base de moralité, peut se superposer à la première, à base de bien-être et pourtant non décernée en opposition avec la décence [1].

Aucun étudiant, si désireux qu'il soit d'avoir sa liberté, sinon d'en jouir, ne saurait voir un inconvénient à ce que nous signalions comme telles les maisons où l'on doit être sérieux ; c'est une simple constatation, qui évitera même de s'adresser à elles ou d'y recevoir son congé. Ces maisons mêmes n'auront pas à s'en plaindre, puisqu'elles n'accepteraient pas la clientèle précédente et que leur caractère ne sera pas spécifié malgré elles. Les autres établissements n'en souffriront aucun préjudice : il ne leur est pas retiré une clientèle possible ; et d'autre part nul ne considère comme un reproche la constatation de ce que l'épicier ou le professeur de mathématiques ne sont pas des maîtres de morale, ni comme une injure positive le défaut d'attribution d'une décoration. L'absence de cette distinction exceptionnelle signifiera d'autant moins, par un faux argument *a contrario :* moralité médiocre, que la moralité sera garantie uniquement là où elle est non seulement bonne, mais spécialement protégée et que cette absence sera partagée avec tous ceux qui, dignes d'être fréquentés par les plus vertueux, n'en auront pas demandé la mention. Et ceci nous permet de rassurer en même temps les parents dont les enfants seraient descendus chez ces hôtes.

Enfin, rien ne s'oppose à ce que les *personnes amies de*

1. Evitons un malentendu. Nous exigeons de *toutes* les maisons un minimum de moralité. Nous ne recommandons moralement que celles qui offrent le maximum. Cette garantie supplémentaire ne doit pas faire oublier que les premières ne sont pas immorales.

la vertu nous accordent leur concours, comme l'ont fait, à bon escient, nombre d'entre elles, par les raisons suivantes.

Nous disons ce qui est et cela seulement : « Là, on veille au bien matériel, non à la moralisation »; et cette *indication* positive facilitera la tâche et dictera le choix aux personnes qui demandent davantage et dont la décision est actuellement laissée au hasard en dehors des quelques maisons patronnées par les associations professionnelles. Les étudiants savent ce qu'ils ont à faire aussi bien pour cette détermination que pour leur conduite ultérieure. Habiter le même corps de bâtiments, avoir la même entrée et le même concierge qu'une personne qu'on ignore, mais dont la vie n'est pas un modèle à suivre, sans constituer un scandale, est-ce là une raison de l'imiter?

Il est indéniable que, d'une manière générale, il existe des *points de contact* multiples *entre la question matérielle et la question morale*, et que, en particulier, les maisons dépourvues de « tenue » ne sont pas non plus « bien tenues », — donc exclues à ce titre et sans intervention du premier grief. En outre, ceux qui veulent travailler commodément ou simplement jouir de leurs aises, fuient le tumulte, les allées et venues, les incidents, etc.

Notre œuvre possède d'ailleurs une portée morale positive, ne fût-ce qu'en ce que l'étudiant, comme l'ouvrier, préférerait davantage les agréments du logis, s'ils étaient accrus. Nous bornons, dira-t-on, à peu de chose nos ambitions morales? Pour grandes qu'elles soient, elles n'ont pas pourtant à entrer ici en jeu dans toute leur ampleur, et les étudiants n'admettraient pas que, sous prétexte de bien-être, on visât uniquement à réaliser une arrière-pensée d'austérité. A ceux-là mêmes qui ne transigent pas avec le vice, se pose une *question de méthodes* : n'en est-il pas de plus insinuantes, de plus sûres, de plus opportunes, que celle du maladroit bien intentionné qui, se campant devant le réfractaire à sa foi, religieuse, sociale ou autre, manifeste brutalement l'intention de le convertir? Les étudiants déjà patronnés par les cercles confessionnels ne recevront aucun encouragement supplémentaire à abuser de la possibilité entière qu'ils ont toujours eue d'aller dans des maisons non recommandées par ces cercles. Bien plus, les étudiants quelconques, que personne ne pa-

tronne au point de vue moral, obtiendront des facilités de
se bien conduire, s'ils le désirent; il y aura là, pour les Associations catholiques et protestantes et pour toutes les personnes soucieuses de la sécurité morale et physique des
étudiants, un moyen d'*étendre* à leurs coreligionnaires non
associés et aux jeunes gens vertueux ou désireux de le devenir ou seulement d'être tranquilles, *leur action et leurs*
services, que nous sommes loin de vouloir restreindre.
A ces personnes et à toutes celles qui, comme nous-même,
sont avec elles en communion d'idées quant à la nécessité, chez nous, Français, d'enrayer promptement la décom-
position, nous rapportons ce qui est la pensée de beaucoup d'étudiants et d'autres hommes : « Cette tâche est,
en partie, assumée par nos maîtres et, dans quelques grou-
pes, par une élite digne d'approbation. Elle ne l'est peut-
être pas encore de manière à ne laisser aucune raison
d'être à une société de *réforme morale*, mais celle-ci ren-
contrerait, chez les étudiants, maints obstacles renforcés
— au moins l'indifférence, sinon davantage. Elle devrait
englober dans son but spécial d'action tout ce qui concerne le bien moral et pourrait donc s'intéresser, de son
côté et à son point de vue, aux logements, pensions et
restaurants. Mais elle exigerait une toute autre organisation que la nôtre, orientée vers un ensemble de buts distincts, encore que quelques-uns convergent avec les vô-
tres; il ne rentre pas, en tout cas, dans les présentes vues
de la fonder (et ces deux causes ne s'opposeront pas
moins à une transformation de la ligue actuelle en une
société de ce genre). C'est à vous, c'est à nous-mêmes,
de la créer à son tour, mais en tant que nous recherche-
rons alors en première ligne, non plus le bien-être, mais
le bien tout court [1]. Ces deux enfants que nous aurons
procréés auront une même mère, tutélaire et bienfai-
trice, l'Université; elle les nourrira tous deux de sa subs-
tance, faite science; mais la même semence ne l'aura
pas fécondée : celui-ci sera issu, si j'ose dire, d'un souffle

1. Nous disons pourtant à l'étudiant que c'est « pour son bien » (et non pas seulement pour son bien-être) que nous luttons, parce que la question de l'alimentation et surtout du logement est, pour lui comme pour l'ouvrier, une question à la fois de santé, de bien-être et de moralité.

matériel, et celui-là d'un immatériel et saint esprit. — Mais, (quittant le terrain dangereux des métaphores) quelle que soit notre part — matérielle, intellectuelle ou morale —, nous aurons coopéré tous trois à cette grande tâche, qu'est le bien de l'Etudiant.

Ces êtres, y compris l'Université, pourront et devront vivre d'accord, s'aimer tendrement : ils ne se confondront pas.

On concevrait que l'on créât pourtant une *œuvre à la fois inspirée par un désir d'idéale éducation et spécialisée dans le domaine du logement et de l'alimentation.* Elle serait vouée à échouer. Non seulement, d'intérêt restreint, elle n'obtiendrait que peu de concours, mais, faible ou forte, une ligue qui se bornerait à recommander les maisons où l'on veille à la vertu des clients reproduirait simplement, sans amélioration de l'état général, ce que font actuellement les associations confessionnelles (ce qui la rend superflue), car elle serait sans plus d'effets sur la majorité des étudiants, des hôtes et des maisons et la laisserait même en dehors de son action. Elle serait limitée et nous le serions, si nous la prenions pour modèle, non seulement à raison des qualités exigées des maisons, mais par le genre d'établissements auxquels on pourrait appliquer ces exigences ; on écarterait du coup tous les restaurants et tous les appartements, sinon tous les garnis, car les étudiants ne sont pas les seuls clients et, d'eux ou des autres, on ne saurait exiger l'état civil des personnes qui les accompagnent ni surveiller ce que font leurs visiteurs, *chez eux*, qui ont peut-être des clients à recevoir (avocats, etc.). Lorsqu'on crée un établissement, un restaurant coopératif par exemple, il est concevable qu'on pose telles conditions qu'il plaît aux créateurs et notamment celle de ne pas héberger des invitées non coopératistes. Mais nous ne créons pas. Et, légitime ou non, serait-il opportun d'imposer cette condition à la généralité des maisons existantes? Ce serait d'autant moins politique, que plus de moitié des étudiants, même les moins disposés à la transgresser, ne voudraient pas avoir l'air de s'engager d'avance à la respecter ; notre voix ne parviendrait qu'aux convertis. Réussirions-nous à imposer en principe cette consigne extérieure, nous n'aurions *nullement empêché le « mal »* de se commettre et encore moins détruit l'intention de le commettre ; peut-être même aurions-nous suscité l'esprit de contradiction et accru l'attrait de ce fruit, défendu sous peine de vexations qui tourneraient l'hostilité et peut-être le ridicule contre nous, apparents persécuteurs. Et ceci montre combien des personnes pures, presque candides, se leurrent en s'en prenant aux manifestations extérieures, aux effets, et, utilitaires ou formalistes malgré elles, en s'attachant à créer, avec relativement trop de soin, des obstacles matériels. N'est-ce pas plutôt à rendre le mal *psychologiquement* impossible que l'on devrait tendre? Mieux vaudrait donc consacrer ces efforts à lutter, par des personnes mieux qualifiées que les hôteliers, contre le désir du mal, contre le mal lui-même, qui, à la différence de celui que nous combattons, réside non pas dans les locaux, les agencements et les hôteliers, mais dans les habitudes et les exigences des clients. Que l'on transforme celles-ci et les premiers suivront, tandis que l'inverse est inexact.

Jusqu'à ce que la sagesse s'étende par d'autres voies, il ne suffit pas de contraindre les hôtes à imposer une consigne sévère, il faut qu'ils aient des clients, et des clients préparés à la suivre ; il ne suffit pas que nous signalions leurs maisons, il faut qu'on suive ces conseils et, pour cela, qu'on nous écoute. Or le moyen de remplir ces quatre conditions *sine qua non*, ce n'est nullement d'agir sur les hôtes, de conférer des recommandations (surtout si elles ne le sont qu'aux plus stricts), comme c'est au contraire tout indiqué pour obtenir d'eux l'hygiène et le confort.

N'oublions pas d'ailleurs qu'il y a autant de forfanterie, de *respect humain* à rebours, que de sincérité et de réalité dans le fait de présenter les apparences du mal, de s'afficher en certains lieux ou en certaines compagnies, de même qu'il y a beaucoup de superficie dans ce passager libertinage. Et, si nous ne recommandions que des asiles de vertu, beaucoup d'étudiants, dont les camarades l'apprendraient facilement, craindraient d'y loger ou de paraître nous soutenir. »

« D'autre part, ajouterons-nous (car la question doit être dès l'abord liquidée), quelque avide qu'on soit de moralisation, on accomplit un grand nombre d'actions indispensables qui n'y tendent pas directement, on participe à l'activité de groupements qui ne s'en font pas une spécialité (hygiène, agrément, art, etc..) Vous-mêmes ne retirez pas votre concours à l'Ecole de pharmacie ou à telle autre, plus que votre pratique à l'épicier, sous prétexte qu'ils ne s'occupent pas de propager la vertu. Souvenez-vous donc que *nos buts* — santé, bien-être, principalement — *sont distincts* de la pureté, *sans être en opposition* avec elle, et qu'il leur suffit de ne pas contredire à sa réalisation, assumée par ailleurs. Vous pouvez sans doute prendre d'autres objectifs et, si vous créez une organisation correspondante, l'agencer à votre guise. Mais, étant donné qu'il se fonde une union pour le bien des étudiants et du moment où elle existe et prétend s'ouvrir à tous les intéressés, vous avez le choix entre deux attitudes : y adhérer ou vous en écarter. En y adhérant, vous y introduisez ou plutôt y renforcez un principe moral et étendez votre action; en vous abstenant, vous en perdez l'occasion et cessez de pouvoir soit influencer notre action, soit au moins empêcher qu'elle ne se dévoie. Si les étudiants étaient des modèles angéliques, votre intervention serait superflue; transformez leur esprit et il sera inutile d'essayer de leur imposer des contraintes matérielles ou des réglementations, mais pour cela il est absolument inopérant de vous adresser aux plus sérieux. Or vos sermons n'atteindront qu'eux, vos publications ne seront lues que par eux, et c'est précisément d'autres qu'il faudrait toucher. Les nôtres, au contraire, par leur absence d'intolérance, *permettront à un principe moral de s'infiltrer partout.* »

— Revenons à la suite de l'exposé du 2e moyen d'action.

Les faveurs sont conférées et retirées selon des *conditions* déterminées, sur un bref rapport écrit d'un délégué, et sous le *contrôle* moral et pratique de la collectivité (en ouvrant sur les maisons qui demandent l'admission et en annonçant dans l'organe de la Ligue une sorte d'enquête de commodo, à laquelle peuvent coopérer tous les intéressés, y compris les postulants et leurs concurrents, dont les déclarations sont contrôlées et dont la mauvaise foi, même relativement à une chose secondaire, est cause d'exclusion temporaire ou définitive). Les mêmes faveurs sont supprimées dans des cas spécifiés et peuvent être provisoirement suspendues lors des changements de propriétaire. Le mode de procéder du Service des Hôtels du T. C. F. constitue à cet égard un modèle à suivre.

— La ligue engage des *négociations* pour obtenir la réparation des torts et la disparition des défectuosités.

Sans mise à l'index ni boycottage, elle se réserve expressément de *rayer* de ses listes, dans les cas prévus, les affiliés et insérants (sauf ristourne pour ces derniers).

Elle fournit des renseignements sur les *logements* à louer ou à sous-louer, les maisons d'*ameublement*, les mobiliers à céder, les *pensions*, les *restaurants*, les *fournisseurs* de toute sorte. Elle publie non seulement les offres, mais les *demandes*, facilite les échanges, ventes et locations, et annonce les faveurs et réductions consenties aux étudiants. Mais elle laisse de préférence aux organes des Associations les offres et demandes de leçons, travaux, emplois et postes, dont chacune ne concerne qu'un ordre d'études et n'intéresse qu'une catégorie d'étudiants.

Par contre, elle peut étendre ses services au logement des membres honoraires, etc.

3° Indication et exécution, des deux côtés, des *règles et usages* relatifs aux locations, baux, congés, déductions ou réductions à raison d'absences, réserve de priorité pour l'année suivante, etc.

Bons offices en cas de difficultés entre propriétaires et locataires, employés ou fournisseurs ; *conseils ou assistance* en cas de procès (détériorations, non-paiement, déménagement à la cloche de bois, indélicatesse, etc.) ; mise en garde contre les escrocs, fraudeurs, etc... ; publicité judiciaire ; étude des réglementations, études techniques, etc.

4° *Sports* ; consultations médicales ; encouragement des maisons de repos et de villégiature ; sanatoriums.

5° *Examen et mesures* par les laboratoires, les comités d'hygiène, l'administration, la police.

6° Office d'*intermédiaire* entre propriétaires, fournisseurs, gérants et employés, pour le placement (offres et demandes, renseignements sur maisons à céder) et la conciliation ; encouragements au personnel par l'allocation de *gratifications* et récompenses ; subventions à une caisse de *secours* aux salariés, à leurs veuves et orphelins.

7° Relations, entente, collaboration, avec les sections et les *associations du même genre*.

Les procédés préliminaires de *constatation,* facilités à une collectivité, ne consistent pas seulement en prélèvements et analyses, parfois impossibles ou superflus : il est à la portée de chacun de constater la saveur, la cuisson, la préparation des aliments, leur qualité intrinsèque (produits avariés, huile à quinquets...), de se rendre compte de la propreté et du confort des locaux, par des visites faites sur invitation ou sous prétexte de location [1], enfin d'apprécier la ponctualité, la politesse et la complaisance.

Si la Ligue prospère, elle pourra prendre à domicile les renseignements relatifs aux conditions et aux disponibilités.

Les *procédés pratiques d'action* sont :

1° des conférences (dont l'une avant l'assemblée générale), des brochures, des notices (inventaires-types, etc.), des communiqués, sur tout ce qui touche aux conditions d'existence des étudiants.

2° l'envoi, aux lycées et collèges, d'une notice à remettre aux élèves dont les études touchent à leur fin.

3° l'envoi d'une notice aux fournisseurs, portant les conditions et avantages de l'admission et invitant à adhérer et à fournir les renseignements d'usage.

4° l'affichage des grands traits de l'institution.

5° l'indication de son existence et de son but dans les salles des pas-perdus des Facultés et Ecoles, au Bureau des renseignements sis à la Sorbonne, dans les guides de l'Etudiant et les périodiques universitaires, sociaux ou autres, aux sièges sociaux des Associations d'étudiants.

6° la simple mention, aux sièges de ces Associations et sur des tracts distribués à la sortie des premiers cours, des établissements recommandés, avec renvoi pour les détails et le reste, aux autres modes de publicité de la Ligue.

7° l'établissement d'un *office de renseignements oraux, écrits et imprimés.*

8° non pas un journal avec des articles de fond, mais une *publication imprimée et périodique,* paraissant au moins une fois par semaine du 15 octobre au 15 novem-

1. Nous les recommandons aux personnes qui voudraient être édifiées. — Les meilleurs des établissements pourraient inviter à des visites collectives qui, provoquant les étudiants les plus apathiques, constitueraient un excellent moyen de réclame.

bre et contenant les listes, avec prix et conditions ; c'est comme des Petites affiches, détaillées, avec une clientèle spéciale d'insérants et de lecteurs (ce qui en facilite la consultation et donne un « rendement utile » plus considérable). Notre publicité est, en outre, d'autant plus efficace que, n'émanant point des intéressés, elle inspire une plus grande confiance.

S'il y a lieu, comme annexe ou indépendamment : un *bulletin*, contenant des articles et communications et signalant les innovations possibles ou réalisées.

9° dans un *local* spécial, l'*affichage* de notices mobiles.

Bureau et publications comportent trois *sections*,

a) logement et ameublement avec classement par rues;

b) mixte : pensions et familles ;

c) alimentation : restaurants, comestibles, etc.

En dehors des communications de la Ligue, il existe une partie non officielle d'annonces ou d'affiches.

La publication et les renseignements sont fournis à tous moyennant une somme modique et aux membres gratuitement pour une suite de quelques numéros.

10° des bulletins de déclarations, enquêtes, réclamations...

11° des *panonceaux*, diplômes ou récompenses, sinon, à l'instar du T. C. F., un concours du Bon hôtelier (?). Certaines agences de publicité apposent, aux carrefours, des *plaques* où sont indiqués les négociants du quartier; émanant d'une société désintéressée, ce procédé présentera une tout autre portée.

12° les actes du comité de consultation et de contentieux, les services sportifs, médicaux, etc.

13° le rapport annuel du secrétaire général.

14° les dossiers et archives, non accessibles au public.

15° une bibliothèque de documentation.

Moyens *financiers*. Aurons-nous assez de capitaux pour mener à bien ce programme? Sa réalisation ne coûtera pas cher. La publicité a lieu à prix coûtant ou couvre au moins ses frais, proportionnels aux insertions, c'est-à-dire aux ressources ; et il suffit, au début, d'un employé, d'une salle et d'un secrétaire général. Les *dépenses*, relativement faibles, — environ 5500 fr. par an, soit moins de

25 cent. par étudiant, assimilé ou fournisseur intéressés, — se répartissent à peu près ainsi :

loyer (dans l'attente d'un local gratuit).	600 à 750 fr.
traitement d'un employé	1500 à 1800 fr.
matériel, imprimés, téléphone, frais . . .	1200 à 1500 fr.
frais des délégués et du secrétaire. . .	600 à 750 fr.

Les *ressources* consistent dans :

les *souscriptions*, si infimes soient-elles, des adhérents;

les *cotisations*, minimes, des membres actifs, honoraires, perpétuels, *donations*, *fondations*, *subventions*, etc.;

le montant de l'*affiliation* des divers fournisseurs et, s'il y a lieu, l'*excédent* produit par la délivrance des panonceaux, par les insertions des fournisseurs, par la vente des publications (dont celles d'ordre général possèdent un débouché en province) et par la délivrance des renseignements. Cet excédent profite ainsi à l'œuvre entière. Et nous ne voyons pas de raisons pour nous priver de cet appoint en rendant aux hôtes un service sensible, non seulement gratuit pour eux, mais onéreux pour nous. Il suffit que notre publicité soit à bon marché pour attirer le plus possible d'insertions, c'est-à-dire le plus grand choix; et, aujourd'hui où la réclame joue un rôle si important et où elle est si coûteuse, notre publicité, qui, pour un prix peu élevé, exerce une influence étendue et profonde (v. *supra*), n'est pas à dédaigner.

La réalisation de notre programme, en tout cas, n'excède pas en difficultés la construction projetée d'une *Maison des Etudiants*, sans rapport, où la Ligue pourrait, après entente des Associations, trouver son local. Notre œuvre répond même à des besoins plus urgents, car ils sont de première nécessité et communs au plus grand nombre ; aussi sera-ce un des plus grands progrès réalisés dans le groupement des étudiants, depuis la fondation des Associations, de leurs congrès et de leurs unions. Elle rayonnera peut-être non seulement dans la jeunesse universitaire de la province et de l'étranger, mais parmi la masse des consommateurs de toutes sortes.

ORGANISATION

Principe d'organisation. — Somme toute, nous voulons, par des moyens appropriés, empêcher que la nourriture des étudiants ne constitue un danger pour leur santé, faire de leur logement un séjour attrayant, leur permettre de lutter pour leur mieux-être, protéger leurs hôtes consciencieux, susciter une saine émulation entre ceux-ci, en un mot améliorer ce qui concerne la vie matérielle de l'étudiant en tant que client.

Ce sont là, sans doute, des soucis *matériels* et possédant un objet bien *spécial*. Mais la tâche intellectuelle et morale est assumée par les Facultés et écoles et par les groupements corporatifs, confessionnels ou autres. Et si nous ne prétendons pas à opérer essentiellement une réforme morale ni même à changer les besoins, les goûts ou les habitudes des étudiants, comme le tenteraient des sociétés de tempérance, notre œuvre n'est pas pourtant, nous l'avons vu, dépourvue de portée morale. D'autre part, précisément parce que les intérêts en jeu sont spéciaux par les personnes et les lieux impliqués et par la nature des atteintes subies, ils sont *définis* et postulent des moyens particuliers. Ils ne sont pas moins *importants*, en soi et par la population en cause et absolument *légitimes*. Des programmes beaucoup plus restreints suffisent à légitimer nombre de sociétés et de publications florissantes.

Il s'agit ici en somme de la *santé*, de la *plénitude de forces* et des *commodités* d'un grand nombre d'hommes intéressants ou appelés à le devenir, c'est-à-dire des conditions préalables à leur travail et à l'ouverture de leur carrière ; il faut bien d'abord vivre... Pour chacun, c'est une chose *primordiale*, une grosse fraction de son budget; on tend même de plus en plus à attribuer de l'importance au logement, tant au point de vue médical qu'au point de vue social, et à y admettre la coquetterie. Et la même question s'impose, les mêmes inconvénients se manifestent pour les 9/10 des étudiants. Le problème se pose même aux non-résidants, aux jeunes gens les plus fortunés ou habitant en famille, ne fût-ce qu'à certains égards (restaurants, choix primitif ou changement d'appartement, service, renseignements, difficultés et procès), accidentellement ou pour leurs amis. Or, les étudiants sont près de *60.000* en France (30.000 à Paris, dont 16.000 à l'Université), sans les assimilables et les candidats aux examens.

Veut-on des chiffres ? Chaque étudiant dépense, en logement, nourriture et choses nécessaires, 150 à 200 fr. par mois, soit 1500 à 2000 fr. par année d'étude, — moyenne plutôt faible. Pour 25.000 personnes, cela représente *45 millions par an*, soit *150.000 fr. par jour* de l'année scolaire, à Paris seulement.

Ces légitimes intérêts sont donc assez définis et importants, suffisamment *communs aux diverses catégories d'étudiants*, ils exigent un *programme assez ample et assez spécial* pour justifier la fondation d'un *groupement particulier*, *unique* et constitué *en dehors de chacune des associations existantes*.

Les avantages de cette organisation et de cette *association* ne sont pas seulement ceux de toutes les autres; elle en possède de particuliers. Une fois créée, elle supplée au manque d'initiative et d'énergie des individus isolés, à l'inertie qui s'oppose aux démarches, aux plaintes et aux luttes soutenues pour le droit et le bien. Elle épargne les difficultés, les ennuis et les frais, d'ailleurs diminués, de ces divers actes; elle jouit d'une plus grande puissance dans leur accomplissement. Car, à supposer qu'il s'y décide, que peut faire l'étudiant ou l'hôte, lorsque le cas ne tombe pas sous le coup de la loi, sinon donner congé (sauf à tomber plus mal) et prévenir ses amis ? Est-ce efficace ? L'hôte surtout fait loi, car comme il le dit parfois, il « n'attend pas après » tel client déterminé. Mais il attend la clientèle, et celle-ci pourrait bien, par son entente, sans lui faire la loi à son tour, l'amener à être moins intransigeant. — L'Union *rend possibles les sanctions*, elle les crée et contribue à les appliquer. Elle exerce même une action préventive, qu'on « ne voit pas » ; son existence non seulement encourage le personnel à un loyal service jusqu'à la dernière heure, mais elle neutralise l'état d'esprit du fournisseur et même du client qui, dans les très grandes villes, pensent qu' « on ne se retrouvera pas » : l'un et l'autre auront toujours en face d'eux le groupement.

Ce groupement doit être *particulier*, car les questions forment un ensemble et nécessitent des compétences et une expérience spéciales. L'union, l'unité d'organisation évitent la répétition, le coût disproportionné [1], la contradiction et la faiblesse des efforts des individus ou des associations partielles, difficilement fédérées ; sinon, un établissement signalé comme mauvais à l'une de ces dernières pourrait ne l'être pas à toutes. Qu'importerait de ne pas être recommandé aux étudiants ès lettres, si l'on n'était pas exclu par les autres? C'est pourquoi la ligue doit être constituée à côté (et non au-dessus) des associations d'étudiants et n'être pas rattachée à l'une d'elles, à qui elle profiteraitseule ou bien à qui elle serait à charge sans même évitertoute possibilité de froissements.

Organisation pratique. — Plus la base de l'institution sera large, plus grand sera son succès. Elle doit comprendre *la plus grande quantité possible de membres*, qui ainsi augmenteront le profit qu'ils tireront de l'association. Plus nous serons nombreux, plus nous serons forts dans l'action et craints ou recherchés; aussi vaut-il mieux 5.000 étudiants payant 1 fr. que 1.000 payant 5 fr. Mixte, elle réunit non seulement des étudiants et leurs hôtes, mais encore des tiers ; et aux étudiants nous assimilons les élèves des écoles supérieures avec externat, etc., car l'institution est non pas exclusive, mais très compréhensive, et il ne s'y présente pas de questions de préséance, de politique ou de confession. Les *non étudiants* peuvent bénéficier de nos services ; cette combinaison possède même l'avantage d'éviter que les hôtes ne puissent, en se rabattant sur ces personnes, négliger nos objurgations. A chacun des étudiants, nous ne demandons pas essentiellement, en échange de nombreux services, un concours actif ou pécuniaire ni un engagement quelconque. Nous comptons, au début, non seulement sur les philanthropes généreux et les bienfaiteurs des étudiants, mais sur les *familles* de ces derniers, plus prévoyan-

1. Chacune des 7 ou 8 associations d'étudiants, si elle voulait assurer le même service sans notre concours, ne rentrerait pas dans ses frais, elle aurait à effectuer les mêmes dépenses avec une partie seulement des ressources que leurs membres et d'autres peuvent nous fournir.

tes qu'eux, sur les professeurs, les anciens étudiants et sur les hôtes, appelés à tirer profit de notre action.

L'association est placée sous le haut *patronage* des directeurs des établissements d'enseignement supérieur public et privé, des Associations amies de l'Université et de quelques personnalités.

L'*Assemblée générale* annuelle sera publique et on aura le droit d'y voter en s'affiliant. Le *Conseil d'administration* est composé des présidents ou délégués des Associations affiliées et d'un nombre égal de représentants de la Ligue. Chacun est d'avance qualifié par son ordre d'études pour les questions : d'hygiène, de moralité, de droit, d'administration, d'économie, de rédaction, de décoration, etc. Les *comités techniques* peuvent s'adjoindre les présidents des syndicats intéressés. Le bureau de consultation et de contentieux trouve ses éléments parmi les juristes et avocats. Les délégués doivent être nommés et entrer en fonction sans tarder. La comptabilité relève d'un trésorier et d'un censeur.

La même organisation, simplifiée et adaptée aux milieux et aux besoins locaux, convient à la *province* et à l'*étranger*, où nous contribuons à fonder des ligues ou des sections autonomes, en dehors de toute tendance fédérationniste vis-à-vis des Associations d'Etudiants.

Les détails, donnés comme base de discussion, sont, bien entendu, largement susceptibles d'être modifiés.

Justification générale et examen de quelques objections.

On voit du moins que la Ligue n'a *aucun caractère religieux ni politique* et qu'elle ne relève d'*aucun système social*, bien qu'elle comporte : assistance aux employés, entr'aide des clients, services rendus aux patrons et, par la suppression des logis insalubres et l'amélioration des autres, profit pour la collectivité.

Il s'agit d'autre chose et de plus que : d'un office de publicité ou de locations, même rattaché aux Associations ou à l'Université et indifférent ou impuissant à l'amélioration de l'état actuel ; d'un comité d'hygiène, qui intervient seulement si la salubrité générale est en jeu ; ou encore d'une police des garnis ; et c'est une chose toute différente d'une ligue des locataires ou d'une société de tempérance et de moralisation. La Ligue possède des buts autres, des moyens d'action distincts, une efficacité plus grande. Elle ne remplit pas essentiellement l'office d'intermédiaire dans la passation des contrats et encore moins le service de logeur ou de restaurateur. Nous prétendons non *pas faire, mais faire faire*. Le but est modeste, mais l'action, quoique moins coûteuse, s'étendra à un champ plus vaste. Les moyens spécifiés sont efficaces et provisoirement suffisants ; ils ne consistent *ni en sociétés d'habitations à bon marché, ni en coopératives de consommation*, et même ce n'est pas le moindre stimulant à l'adhésion des patrons et à la réalisation des améliorations, que celles-ci rendent moins utile la création de coopératives. Les coopératives existantes, qui sont appréciées sans faveur ni défaveur, pourront, en outre, sans coopératisme ni ambition d'absorption, tenir en haleine les entreprises individuelles, grâce à notre impartiale publicité [1].

Notre œuvre est *conciliable avec toutes les conceptions* sociales et éthiques. Elle n'est point socialiste, ni protectionniste, elle ne fait pas appel à la puissance publique et ne constitue même pas une institution de patronage ; la collectivité des étudiants et celle des fournisseurs se protégeront elles-mêmes et se prêteront aide dans cette besogne. Elles peuvent se suffire à elles-mêmes ? Elles y tendront, tout en acceptant d'autrui une aide qu'on accorde aux touristes et à beaucoup de personnes qui n'en ont pas besoin à raison d'occupations professionnelles. Est-ce une action égoïste ? C'est une action nécessaire, et que personne n'accomplirait pour nous ; le self-help évite la complication de nous occuper d'autrui tandis qu'autrui veillerait à nos affaires, et il ne nous empêche pas, en l'occasion, de tenir compte des intérêts légitimes des patrons et des employés.

Dans l'ensemble, nos préoccupations, nos buts et nos moyens d'action ne sont *pas inédits*. Nous voulons faire

1. Si les capitaux affluaient, ils pourraient être employés à l'achat ou à la location (plutôt qu'à la construction) d'une maison de rapport, ce qui équivaudrait, à l'égard des autres établissements, à un changement de propriétaire ou à un placement immobilier d'une société quelconque.

en grand, au profit d'une collectivité, ce que tout *individu fait lui-même :* chacun a le souci d'avoir un bon logement, une nourriture saine, et recommande, à l'occasion, les maisons où il se trouve bien. Nous visons seulement à apporter un peu d'ordre en ces prétentions peu nouvelles et à les doter d'une *organisation* spéciale qui y satisfasse aux lieu et place de chacun. *Mieux vaut,* à tout prendre et pour tout le monde, y compris les patrons, ce système de libre association que la réglementation légale ou les tentatives collectivistes, auxquelles finiraient par conduire les excès que nous prétendons refréner. Notre programme est presque anodin à côté du projet de loi Siegfried, accepté par les chambres syndicales, sur l'expropriation pour cause d'assainissement.

M. Yves Guyot dit, dans le « Journal des Economistes » : « Je n'aime pas beaucoup la *police,* mais j'aime encore moins la police privée. » A quoi M. Gide répond : « Alors, il est clair qu'il ne veut de police d'aucune sorte, ce qui, de la part d'un ancien ministre ne laisse pas que d'être un peu surprenant. Les Anglais, pourtant très chatouilleux sur la liberté individuelle, n'ont pas ce scrupule, car ils accordent le droit de poursuite directe devant les tribunaux à un grand nombre de sociétés privées, telles que celles pour la protection de l'enfance ou contre la presse pornographique... D'ailleurs les ligues de consommateurs ne prétendent à *aucune police,* à moins qu'on ne veuille désigner de ce nom le *droit de légitime défense* contre les fabricants et les commerçants qui bombardent les consommateurs de prospectus, de circulaires, de catalogues, d'articles de journaux, et qui violentent nos regards dans les rues par d'énormes affiches et déshonorent nos montagnes par d'ignobles placards (le tout, ajouterai-je, souvent mensonger). Tandis qu'ils multiplient les associations pour rançonner, fasciner et duper les consommateurs, les consommateurs, eux, n'auraient pas le droit de créer des associations pour surveiller les producteurs ? »

Y a-t-il besogne policière à décerner un prix, à ouvrir un concours, à recueillir les informations nécessaires ? « On reconnaît bien aux fournisseurs le droit de publier le nom de leurs clients quand ils pensent en tirer honneur ou profit ! » Ils tiennent des listes noires de mauvais payeurs ou d'ouvriers « mauvaises têtes ». « En vertu de quelle casuistique refuserait-on aux acheteurs le droit de publier les noms de leurs fournisseurs? »

« Nous ne voulons pas, proclame un manifeste de la Ligue sociale d'acheteurs, nous mêler des affaires des fournisseurs », ni intervenir dans les détails techniques de la production. « Nous ne voulons pas sortir de notre rôle d'acheteurs et prétendons seulement en faire un élément de progrès matériel et moral. » — Nous aussi.

Cette raison dépasse de beaucoup le cercle des étudiants, et notre initiative pourra favoriser la généralisation du contrôle des produits par les consommateurs. Ce double motif nous force à exposer ici la justification éthique et économique de notre principe d'action.

La satisfaction des besoins des hommes, opérée par la « consommation », tel est le but de l'activité économique. *L'influence des consommateurs* sur les producteurs, à peine exercée isolément à l'heure actuelle, c'est-à-dire impuissamment, serait donc chose désirable. — De tout temps, oppose-t-on, ce furent pourtant les producteurs et non les consommateurs qui, pour la plus grande part, conçurent et exécutèrent, tant dans les qualités conférées aux objets que dans les procédés, ces millions d'innovations qui constituent le progrès économique. A chacun son métier : au producteur de produire, au consommateur de consommer [... ce que veut bien lui servir le producteur !]

— Malheureusement, répondons-nous, il faut bien qu'il s'établisse entre eux un *rapport*, et un rapport de finalité : que le producteur prenne en considération les véritables besoins du consommateur. Or, il n'est pas, tant s'en faut, le philanthrope que représente M. Yves Guyot, se creusant la tête du matin au soir à « chercher ce qu'il y aura de mieux pour faire plaisir à son bon ami le consommateur ». Si c'était là l'expression de la réalité, dit M. Gide, « le consommateur n'aurait rien de mieux à faire qu'à se croiser les bras, se reposant sur l'altruisme des producteurs. » Mais en fait, hélas, « la satisfaction du client est pour le commerçant non pas le but, mais seulement le moyen. Et s'il trouve quelque moyen de réaliser un plus grand profit en fournissant une moindre satisfaction, par exemple en mélangeant de la chicorée à son café ou en retirant la crème de son lait, il est vraisemblable que notre altruiste n'hésitera pas à le faire... » Pourquoi donc le consommateur ne veillerait-il pas à la satisfaction de ses propres besoins ?

On objecte qu'en violant ainsi la *division* des tâches, il assume un *souci* de plus, à la satisfaction duquel il sera *maladroit*, car ses bonnes intentions ne suppléeront pas à son inexpérience.

Or, il existe, pour lui, deux manières d'y pourvoir, deux façons de s'occuper de la production, et les critiques portent moins encore contre l'une que contre l'autre. Son rôle peut s'exercer par les sociétés de consommation ou par les ligues de consommateurs, c'est-à-dire soit en prenant en mains la *direction*, sinon de la production, du moins de l'approvisionnement, soit en s'unissant à d'autres pour *influencer* ses fournisseurs ou du moins, sans atteindre l'autonomie de qui que ce soit, pour connaître ceux qui sont disposés à lui donner satisfaction, pour traiter exclusivement avec eux et enfin pour les recommander et les soutenir, le cas échéant.

N'ayant pas à nous prononcer ici sur la première de ces formes, il nous suffit que la seconde n'entraîne ***ni substitution du consommateur au producteur ni même mélange des rôles***. Nous nous gardons bien d'empêcher les hôtes de remplir leur office et d'en recueillir les fruits. Nous complétons leur action par des indications ; nous n'exécutons pas leur service, nous les engageons à l'améliorer ; nous n'imposons pas, nous proposons, et ce que nous posons, ce sont des limites très larges (et non pas des types précis), sans menaces, mais avec une sanction dont nous sommes absolument libres de disposer : notre clientèle et nos faveurs. Peut-on soutenir même que nous exerçons une pression ? Nous disons seulement : « Si vous me plaisez, je vous accorderai ma pratique et vous signalerai », et nous sous-entendons : « Si vous voulez me plaire, imitez ceux qui m'ont plu. »

L'intervention du consommateur est, dans notre cas d'autant plus utile que le service présente une tendance à se renouveler *toujours semblable* à lui-même, sans que l'offrant semble avoir besoin de le perfectionner, comme les services dont on peut se passer. Bien plus ! cette stagnation des procédés généraux et des objets en usage est encouragée par l'augmentation de la population universitaire, qui, par comble d'injustice, donne une plus-value proportionnée ! A plus forte raison les consommateurs ont-ils *intérêt* à s'allier lorsque les fournisseurs frelatent et sabottent. Cette alliance présente le maximum d'urgence lorsque les producteurs sont constitués en syndicats.

Aussi bien qu'eux, mieux qu'eux, les consommateurs ont le *droit* de s'unir. Non parce qu'ils commandent et paient, mais parce qu'ils sont la raison d'être de la production, ils ont le droit de demander aux fournisseurs de leur choix de remplir les conditions qui ne sont pas mauvaises par elles-mêmes. C'est un *devoir*, sous peine d'en faire subir les conséquences à autrui aussi bien qu'à soi.

Ils en ont, virtuellement, la *puissance*. La plus faible des femmes, par le moindre de ses achats, exerce, à son gré et sans s'en douter, une influence sur le monde social. Juges en dernier ressort des phénomènes économiques, les consommateurs sont les maîtres de la situation ; ils auraient le dernier mot, s'ils le voulaient...

Si, méconnaissant les avantages qui leur sont offerts, les producteurs venaient à se liguer contre une clientèle résolue, ils seraient impuissants. Les consommateurs n'auraient alors, au lieu de conseiller et d'encourager, qu'à appliquer le boycottage ou la fameuse grève-tampon ou à prendre la direction du service, par des coopératives ou même par de simples sociétés par actions. A nous, il suffirait, par exemple, de conseiller les appartements non meublés ou d'autres systèmes.

Sans recourir à ces extrémités, nous espérons être assez puissants pour que les fournisseurs, mal inspirés, ne songent pas à l'attaque. Tous ceux qui ne se sentent pas malhonnêtes peuvent espérer en notre soutien contre les tiers moins scrupuleux, en nos encouragements, en nos conseils. En fait, les hôteliers ont bien accueilli le T. C. F. et beaucoup d'établissements d'abord rebelles aux objurgations des Ligues d'acheteurs (chocolatiers suisses, tailleurs et propriétaires parisiens, etc.) ont si bien compris la vanité de la résistance et les avantages de la soumission qu'ils ont bientôt dû être recommandés à leur tour !

Nous touchons ainsi à la question *pratique*.

Dira-t-on que ceux-là mêmes des hôtels et des restaurants qui paraissent médiocres à certains trouvent et continueraient à trouver des clients, leur adoption étant sans doute affaire de *goûts*, et tous les goûts se rencontrant dans la nature, même parmi les étudiants ?

Si, comme nous le constatons, on n'a pas le choix et si l'on est obligé de subir la loi des hôteliers, n'est-ce pas que ceux-ci ne sont *pas trop nombreux* ? Et la même cause n'entraînera-t-elle pas toujours le même effet ?

Parfois *le choix existe, mais on ne connaît pas* son existence et, par ignorance du mieux, on se contente du pire : il suffira d'en instruire pour susciter un peu d'émulation. Sinon, si les hôtes du Quartier n'étaient pas assez raisonnables pour comprendre leur véritable intérêt, des maisons plus éloignées, mais mieux tenues, entreraient, par le fait même, en concurrence avec eux. Les plus mauvais auraient à craindre le pilori et ne seraient pas insensibles à la diminution de clientèle. *Inversement*, s'ils améliorent, ils multiplieront leurs affaires ou même s'agrandiront ; tout au moins ils chômeront moins, ce qui constitue un puissant encouragement. L'amélioration d'une douzaine de maisons, si elle était signalée par une publicité large et de tous les instants et avec une recommandation spéciale, aurait pour effet que leurs clients seraient disposés à payer plus cher et remplacés dès leur départ et qu'elles pourraient les choisir. Sans avoir besoin d'écraser leurs concurrents, elles auraient des bénéfices sensiblement accrus. Cet heureux résultat éveillerait chez d'autres le désir de les imiter. Il pourrait, à la longue, en résulter une *généralisation des commodités* élémentaires ; mais de nouveaux perfectionnements permettraient à certains établissements de se distinguer et d'éviter l'avilissement des prix (à un moment où, d'ailleurs, les frais des premières améliorations seraient amortis). Peut-être les étudiants en créant à grand peine et à grands frais une ou deux maisons de plus, coopératives ou non, qui profiteraient seulement à quelques-uns, obtiendraient-ils un résultat moins proche, moins étendu, sinon moins profond, que par le procédé de l'émulation. Il est peu probable qu'il existe avant longtemps un nombre de maisons-modèles d'étudiants assez grand pour 25.000 clients. En tout cas, certaines difficultés ou causes d'échec qui gênent les restaurants coopératifs ou les sociétés de locations à bon marché ne se rencontrent pas ici : sans parler des obstacles réels ou imaginaires qui font reculer maint concours, ces institutions ne profitent qu'à un nombre sinon petit, du moins restreint de personnes, au lieu de répandre leurs bienfaits sur une masse indéterminée; dès lors, des tiers se demandent pourquoi souscrire, et ils souscrivent d'autant moins que, mal renseignés ou profitant du prétexte, ils y voient engagé un principe, et un principe qu'ils croient révolutionnaire ou menaçant. — D'ailleurs notre action constituera un puissant adjuvant pour les bonnes maisons existantes et un encouragement à ceux qui veulent en fonder de nouvelles et auxquels elle donnera la sécurité de réussir.

La preuve de l'*efficacité* de la simple recommandation, même dans un milieu restreint, sans panonceau pour la rendre publique, ni menace de diminution de la clientèle générale, réside dans ce *fait* qu'on sollicite cette faveur auprès des associations confessionnelles d'étudiants, instamment et au delà même de leurs besoins.

Les établissements qui préféreront demeurer dans leur *statu quo* de crasse ou de frelatement iront en décroissant quant au nombre et à la prospérité. — Mais alors on nous posera peut-être ce *dilemme* : « Vous luttez contre un mal. Si vous devez échouer, l'effort est inutile. Si vous réussissez à faire effectuer des améliorations et à attirer la clientèle dans les meilleures maisons, *votre raison d'être disparaît avec le mal* et à mesure qu'elle se réalise et votre action se retourne contre vous par la hausse des prix due à l'affluence des demandes. » La réponse est facile. Il est des luttes qu'il faut tenter en tous cas, sous peine de passer pour des... moutons et *a fortiori* lorsqu'on possède toutes les chances de succès. Notre but est *durable*, et croire que, pour n'apparaître plus, un jour, avec la même netteté, surtout quant à l'action préventive, il cessera d'exister, cela équivaudrait à supprimer les épouvantails parce que les vilaines bêtes ne rôdent plus alentour : elles ne tarderaient pas à reparaître. Ne nous flattons pas d'obtenir un résultat immédiatement complet ; il y aura toujours *du meilleur et du pire*, et par conséquent un choix à exercer, des encouragements à conférer ; il y a sans cesse de nouveaux étudiants, c'est-à-dire des conseils généraux et renseignements particuliers à donner. Tout en escomptant une augmentation des bénéfices au profit des hôtes raisonnables, ce n'est pas principalement par une hausse des tarifs que nous espérons la leur donner ni que nous essayons de les attirer. Si pourtant cette hausse se produisait, un mécanisme *automatique* empêcherait qu'elle fût excessive. Les maisons recommandées, où la clientèle, se trouvant satisfaite, serait stable et retiendrait même ses places d'une année à l'autre, n'auraient pas beaucoup d'offres à annoncer; dès qu'elles auraient loué, la publicité cesserait de leur attirer des clients et dès lors la hausse ne résulterait plus de notre fait. Au delà de la mesure où cette hausse est légitime, nous pourrions apporter une restriction à la recommandation.

Dès maintenant, pour que, à la rentrée, les divers rouages aient donné leurs preuves, et fort de l'accueil reçu tant auprès des étudiants et de leurs représentants que parmi les membres de l'enseignement et de l'Institut, nous faisons appel aux conseils, aux adhésions et à la propagande.

S'adresser 25, rue d'Ulm (Panthéon), Paris V^e^.

Imprimerie Générale de Châtillon-sur-Seine. — A. Pichat.

VUE D'ENSEMBLE

Buts principaux :

1° *faciliter* aux fournisseurs et aux clients *les recherches et le choix* en connaissance de cause : « Sont disponibles, tels logements, à telles conditions, etc. »

2° *faire connaître et encourager les meilleurs etablissements* existants, notamment en ce qui concerne le logement et l'alimentation.

3° *faire réaliser les améliorations* nécessitées par l'état actuel, qui n'est digne ni des villes françaises, ni des Universités, ni de gens cultivés.

La Ligue possède en outre un ensemble de buts accessoires qui forment un véritable *programme* : renseignements généraux et particuliers, consultations juridiques et médicales, sanatoriums, maisons de repos, tout-à-l'égout, bains, culture physique, sports, etc.

Moyens d'action :

1° office de renseignements oraux, écrits et imprimés ;

2° *bulletin* périodique et répertoire, contenant les offres et demandes, et listes de maisons recommandées ;

3° selon la qualité des établissements : soit la recommandation (avec *panonceau*), soit l'admission à s'affilier, soit l'admission à faire des insertions, soit le silence et le refus des insertions, sans index et suivant des règles générales. Etc.

Composition :

1° adhérents à partir de 0 fr. 10 ;

2° membres actifs à partir de 1 fr. ; — honoraires, à partir de 5 fr. ; — perpétuels, à partir de 100 fr. ; — donateurs, 250 fr. ; — bienfaiteurs, 500 fr.

Administration.

Conseil d'administration composé, *par moitié*, de *représentants des Associations* et *de représentants des membres de la Ligue.*

— Chaque Association a le droit de faire participer ses membres aux avantages accordés par la Ligue, moyennant un versement de 5 fr. par 100 membres.

— La Ligue vise des buts auxquels n'atteindraient pas les efforts répétés, coûteux, faibles, contradictoires des Associations isolées. Loin d'empiéter sur le domaine de celles-ci, elle a, pour la première fois, obtenu ce remarquable résultat de les unir en vue d'un but commun : c'est la meilleure preuve de ce qu'elle a une raison d'être à côté d'elles, une raison à la fois urgente et communément sentie puisqu'il s'agit des *premiers besoins* d'un grand nombre d'hommes intéressants (30.000 à Paris, 60.000 en France, constamment renouvelés).

DU MÊME AUTEUR :

LE RÔLE DE LA GUERRE

EXAMEN DE L'ENSEMBLE DE LA QUESTION DE LA GUERRE ET DE LA PAI

Préface de M. ANATOLE LEROY-BEAULIEU, *Membre de l'Institut, Directeur de l'Ecole des Sciences politiques.*

Un volume de XII-700 pages in-8 .... **15 fr.**

V. Giard et E. Brière, Libraires-Éditeurs, 16, rue Soufflot, Paris V

« Je souhaite que votre livre soit lu et que votre voix soit entendue. La cause de la paix et de l'entente entre les nations n'aurait qu'à gagner, sans que la sécurité de la France eût rien à en redouter. »

A. LEROY-BEAULIEU, *Préface*.

« Ouvrage aussi considérable que volumineux, ce qui est rare, où la question de la guerre et de la paix est vraiment traitée, et avec talent, sous tous ses aspects. » E. FAGUET, *Le Pacifisme*, p. 1.

LE FONDEMENT DU DROIT ET DE LA MORALE

I. Fondement et base théoriques, d'après autrui et d'après l'auteur. — II. Nature, fonction, genèse, fonctionnement, adjuvants et succédanés, diminution, nécessité des idées de droit et de devoir.

Un volume de 300 pages in-8. Même librairie.................. **7 fr.**

« Cet ouvrage développe un principe excellent. Il contient de très bonnes analyses de divers phénomènes de conscience et semble orient sous beaucoup de rapports vers des directions intellectuelles utiles. »

Jules de GAULTIER, *Revue des Idées*, 1908, p. 295-300.

POUR LES ÉTUDIANTS

Une brochure de 36 pages in-18 jésus, **0 fr. 50** *franco*.

S'adresser chez *MM. Giard et Brière*, éditeurs, 16, rue Soufflot, ou à la *Ligue pour le bien des Étudiants*, 25, rue d'Ulm, Paris Ve et, pour les gares, aux Messageries Hachette, 113, rue de Réaumur.

« Je tiens à vous dire que votre programme me paraît fort intéressant et digne de sympathie. Je souhaite vivement que vos généreux efforts soient couronnés de succès. » Frédéric PASSY.

« Vous êtes sur une excellente voie et je vous encouragerai à la suivre. » E. CHEYSSON.

L'Évolution sociale dans ses rapports avec l'évolution psychologique. Un volume in-8.

(*A paraître*.)

Assurances par les caisses locales et assurances par l'État. Un volume in-8.

(*A paraître*).

Imprimerie Générale de Châtillon-s-Seine. — A. PICHAT.

E

PAL

, D

5 fr
is V
nduc
u'à

e, oi
ec ta

ALI

uteur,
céda

7 fr.
e très
rient
les.

CS

ufflot,
is V
ur.
téres
éreux
r.
a, sui-
n.

avec

ssu-

www.ingramcontent.com/pod-product-compliance
Ingram Content Group UK Ltd.
Pitfield, Milton Keynes, MK11 3LW, UK
UKHW020414220726
13923UKWH00004B/1943